LES SACRIFIÉS

Essai d'étude sociale
sur la situation de la classe moyenne en France
au commencement du vingtième siècle.

PAR

ÉMILE NOYER

Professeur à la Société d'Enseignement et d'Assistance Populaires de Paris.

AVEC UNE LETTRE-PRÉFACE

DE

M. FÉLIX VOISIN O. ✳

Membre de l'Institut.

Prix : 50 centimes.

IMPRIMERIE DE LAGNY

1909

LES SACRIFIÉS

Essai d'étude sociale
sur la situation de la classe moyenne en France
au commencement du vingtième siècle.

PAR

ÉMILE NOYER

Professeur à la Société d'Enseignement et d'Assistance Populaires de Paris.

AVEC UNE LETTRE-PRÉFACE

DE

M. FÉLIX VOISIN O. ❋

Membre de l'Institut.

Prix : **50 centimes.**

IMPRIMERIE DE LAGNY

—

1909

Paris, *le 16 février 1909.*

Mon cher Monsieur Noyer,

Vous avez eu l'aimable pensée de me communiquer votre essai d'étude sociale « les sacrifiés » et de me demander de vous dire quelles étaient mes impressions.

Le tableau que vous faites de la situation de la classe moyenne en France à l'heure actuelle est très sombre : peut-être l'est-il un peu trop, car vous ne faites pas la part de ceux qui, dans la direction de leur vie, commettent des fautes lourdes, mais je suis bien forcé d'en reconnaître au fond l'exactitude ; aussi est-il bon, et c'est un des mérites de votre travail, d'appeler l'attention de tous ceux qui comprennent l'importance des questions sociales sur cette classe, qui est chaque jour aux prises avec les plus grosses difficultés de la vie.

Placée entre la classe favorisée par la fortune et la classe ouvrière, ayant au point de vue de son existence des obligations qui lui rendent la vie plus coûteuse, elle est dans une certaine mesure négligée, car toutes les faveurs du législateur paraissent bien réservées à la classe ouvrière.

Vous signalez deux remèdes au mal dont elle souffre et, sans croire qu'ils seront suffisants pour apporter toujours et partout le bonheur, j'estime, avec vous et comme vous, que ce sont deux facteurs puissants pour l'amélioration de la vie faite jusqu'ici « aux sacrifiés ».

Le vif intérêt que je porte à la Mutualité vous est bien connu ; aussi n'est-ce pas sans tristesse que je vois l'admirable élan qui a entraîné des millions de nos concitoyens vers l'économie, vers la prévoyance, compromis par les lois nouvelles qu'on prépare sur les retraites ouvrières.

Il ne faut pas se payer de mots ! quand on verra que tout naturellement et sans prévoyance aucune, il sera possible d'avoir une retraite pour ses vieux jours, on s'arrêtera dans la voie de l'épargne.

Pourquoi donc faut-il toujours chercher du nouveau quand on a un excellent outil dans la main? Il est bien certain que si tout le monde était prévoyant et dès sa jeunesse s'inscrivait comme membre d'une société de secours mutuels, si toutes les sociétés de ce genre s'entendaient pour se pénétrer les unes les autres, le nombre de ceux qui ne pensent à assurer leur existence que lorsqu'arrive l'âge de la retraite ou de la cessation du travail, serait très diminué. C'est ce grand mouvement qu'il faut encourager et se garder d'entraver.

Je ne saurais trop approuver ce que vous écrivez sur ce sujet et je fais des vœux pour que, dans notre chère France, les générations nouvelles se pénètrent davantage des progrès successivement accomplis par leurs devancières et ne compromettent pas le développement d'institutions qui ont fait leur preuve et qui sont pleines de vitalité.

J'arrive au second remède que vous proposez; que l'enseignement, comprenant l'instruction et l'éducation, ait besoin d'être sérieusement modifié, transformé même, je suis encore de votre avis. Mais si nos instituteurs sont en bonne posture pour donner l'instruction, je doute qu'il en soit de même pour l'éducation; ce ne sont pas les quelques heures passées au milieu de petits camarades venus des milieux les plus divers qui peuvent permettre d'élever le niveau moral de l'enfant et plus tard de l'homme par l'éducation; en supposant même tous les instituteurs aptes à la donner, à en faire comprendre les bienfaits, il faudrait encore que leur œuvre de la journée ne fut pas détruite, ou tout au moins très sérieusement compromise le soir même, par beaucoup de parents qui, comme vous le dites vous-même, semblent trop souvent n'avoir pas conscience de leur responsabilité; dans tous les milieux sociaux, les bons exemples manquent parfois et l'éducation de l'enfant s'en ressent; c'est dans la vie familiale qu'on peut utilement recevoir l'éducation, œuvre de tous les instants, dont le succès dépend des parents seuls; c'est dans la famille qu'on la puise, c'est donc vers l'amélioration du milieu familial que tous les efforts doivent être dirigés.

Laissez-moi, en finissant, vous féliciter des pages courageuses et vraies que vous avez écrites : améliorer l'éducation, développer la mutualité, ce sont deux buts qu'il importe de poursuivre sans relâche, car grâce à l'éducation, les hommes ont entre eux des relations meilleures, leur rendant la vie plus facile et plus douce, et, grâce à la mutualité, non seulement ils se préparent à mieux supporter les lourdes charges de la vie, mais encore, chose précieuse entre toutes, ils apprennent à se connaître les uns les autres, à s'apprécier et, sous une forme réelle, réalisent entre eux la fraternité.

Veuillez agréer, mon cher monsieur Noyer, l'expression de mes meilleurs sentiments.

FÉLIX VOISIN
Membre de l'Institut.

LES SACRIFIÉS

AVANT-PROPOS

Naître, souffrir, mourir, tels sont les trois mots qui résument,
à l'époque actuelle, l'existence de la majeure partie de l'humanité, dans la plupart des pays jouissant de la civilisation dite
« moderne. » Ces déshérités du bonheur, condamnés dès l'enfance
à travailler, sans trêve ni repos, jusqu'à leur dernier souffle, au
profit d'autres êtres de même essence qu'eux mais en possession
du seul privilège qui représente sous une forme palpable tout ce
qu'on entend par civilisation moderne (*j'ai nommé l'argent*),
constituent une véritable classe sociale d'une nature toute spéciale
qu'on peut appeler sans exagération aucune la classe des « **Sacrifiés** ».

Or, puisque la vie n'est qu'un passage plus ou moins long pendant lequel chacun d'entre nous a le droit reconnu de se procurer
la plus grande somme de bonheur possible, à la condition de ne
causer aucun préjudice à ses semblables, ne serait-il pas juste
que, dans le cours de l'existence, on vienne en aide, on facilite la
recherche d'un sort meilleur aux malheureux travailleurs qui se
débattent avec désespoir pour sortir d'une situation sans issue ; en
raison de la complexité, de l'indifférence, et parfois même de l'injustice des lois sociales. — Il est vrai que nous jouissons dans
notre beau pays de France d'avantages inappréciables : — Nous
sommes libres, égaux et frères ; et afin que nul ne l'ignore, tous
les monuments publics nous le redisent à satiété. — Joignons à
ces bienfaits dont nous sommes comblés, les précieux pouvoirs que

nous confèrent les nobles titres d'électeurs et de contribuables ; et tout n'est-il pas pour le mieux dans la meilleure des « Frances », et ne sommes-nous pas arrivés au fameux âge d'or tant vanté des poètes ? — Seulement, où l'embarras commence, c'est qu'un des plus grands philosophes français, J.-J. Rousseau, a dit que ce bonheur parfait résidait dans le passé, quand les peuples vivaient à l'état de nature dans l'ignorance du « veau d'or » ; tandis qu'un célèbre écrivain anglais : Bacon, estimait que l'âge d'or que les poètes placent derrière nous est devant. Comme les œuvres de Rousseau sont jugées et reconnues « paraît-il », presque toutes pour paradoxales ; seul Bacon a dit vrai, et c'est devant nous c'est-à-dire dans un état de civilisation qu'un avenir plus ou moins rapproché pourra seul nous donner, qu'on trouvera le maximum de satisfactions auquel tout être humain peut légitimement prétendre. — Mais alors la première manifestation de ce bonheur, celle qui à notre sens doit primer les plus belles devises comme les plus grands avantages civiques, c'est le « **droit à la vie** ». Avant toutes choses il faut songer à se « nourrir », à se « vêtir », à se « loger » convenablement ; en un mot s'assurer : le « boire » le « manger » et le « dormir. » Jouissances matérielles, dira-t-on ? — Oui, quand il y a abus dans certains cas comme pour beaucoup de riches par exemple : non, quand il s'agit de se créer une existence différente de celle des bêtes de somme auxquelles on peut assimiler la vie de nombreux travailleurs qui, sans relâche, pendant des années entières, pour un salaire de famine de 3 fr. 50 à 4 francs par jour, doivent se procurer le nécessaire pour eux et leur famille.

Quels sont donc les moyens d'améliorer le sort de ces parias, et le peut-on d'une façon effective ? — Tel est le but de cette petite brochure, qui n'est pas un cri de haine contre les riches, une déclaration de guerre des employés aux employeurs : mais qui se borne à faire simplement l'exposé d'un triste état de choses existant à l'époque actuelle ; d'une situation sociale digne du plus grand intérêt au point de vue purement philanthropique, et en dehors de toute question de parti. L'auteur a essayé d'y indiquer les moyens qu'il croit utiles pour remédier dans une certaine mesure aux maux qu'il signale. Au lecteur d'apprécier ces moyens, et au besoin d'en indiquer d'autres dans des écrits semblables, afin de contribuer, par un effort commun et mutuel, à l'émancipation et au bien-être sinon des générations actuelles ; tout au moins en faveur et au profit de ceux qui nous succèderont sur cette terre.

Émile Noyer.

PREMIÈRE PARTIE

Pourquoi y a-t-il des Sacrifiés ?

———

.

I

QU'ENTEND-ON PAR CLASSE MOYENNE, CE QU'ELLE A ÉTÉ DANS L'HISTOIRE.

Aussi loin qu'on puisse remonter dans l'histoire de l'humanité, il y a toujours eu deux classes sociales nettement tranchées, en proie à une guerre sans pitié et sans merci qui s'est perpétuée à travers les siècles, et qui se continue aujourd'hui avec autant de haine qu'à l'origine ; véritable lutte fratricide qui menace de durer éternellement entre ces deux mortels ennemis qui s'appellent : les **« pauvres et les riches. »** Les uns combattent dans le but d'obtenir le nécessaire d'abord, un peu d'aisance ensuite, enfin la fortune qui aide à se procurer dans une large mesure la jouissance des plaisirs terrestres. Les autres, détenteurs des trésors convoités et de tous les privilèges innombrables que confèrent : le hasard de la naissance, le droit de conquête, l'abus du pouvoir ou de la tyrannie ; se défendent à outrance pour conserver la situation acquise, et ne pas voir les rôles se renverser d'une façon trop brutale à leur détriment.

Ilotes (esclaves) et soldats, à Sparte chez les Grecs, Plébéiens et Patriciens dans l'ancienne Rome, Jacques et seigneurs au moyen âge, Têtes Rondes et Cavaliers en Angleterre sous Charles Ier, Sansculottes et Aristocrates pendant notre grande convulsion de 1789, Anarchistes et Bourgeois comme à l'époque actuelle (l'étiquette du parti important peu car c'est le fait seul qui domine); cet antagonisme que jamais rien n'a pu apaiser ou niveler, semble dériver d'une loi surnaturelle qui ne connaît aucune exception et se manifeste sous des formes invariables et cruelles dans tous les pays de l'univers.

Seulement, on n'a presque jamais songé, ou tout au moins fort rarement, que ces chocs terribles où chacun des adversaires fut tantôt vainqueur, tantôt vaincu, ont eu lieu aux dépens d'une troisième classe sociale, la plus nombreuse et la plus intéressante; celle qui finance toujours, paie de son sang sans compter, et reste néanmoins victime des injustices et des représailles des deux classes extrêmes qu'elle relie par une gradation immense et presque infinie, s'étendant du plus humble des travailleurs jusqu'à celui qui par suite des multiples efforts accomplis vit dans une petite aisance légitimement acquise par son dur labeur; j'ai nommé : la classe moyenne, celle des « **Sacrifiés** ».

Parfois agonisante pour ne pas dire détruite, la classe moyenne, semblable au phénix mythologique qui renaissait de ses cendres, est toujours debout et constitue l'espoir des races qui veulent vivre; car, elle seule peut leur assurer en vue de la régénération future, la vitalité indispensable pour l'avenir en maintenant l'équilibre et l'harmonie, entre deux éléments opposés aussi dangereux l'un que l'autre. — Voilà le rôle qu'elle a jusqu'à ce jour accompli dans l'histoire de la civilisation, et qu'elle doit continuer à tenir; jusqu'au moment où il lui sera permis de fusionner d'une façon définitive et complète, les deux ennemis irréductibles qu'elle forcera à se donner dans son sein le baiser de paix; les réunissant ainsi en un seul et unique corps social, supprimant du même coup les causes de toutes les discordes qui ont désolé le monde depuis ses origines jusqu'à l'époque contemporaine.

II

DE L'INÉGALITÉ DES CLASSES
ET DES SITUATIONS SOCIALES. — LES CASTES.

Par le fait même de la division de la société en ces trois grandes catégories distinctes qu'on appelle *classe pauvre, classe moyenne* et *classe riche ;* il s'ensuit que dans chaque pays, les citoyens, vivent sur un pied d'inégalité qui se trouve créé tout naturellement par la naissance et la fortune de chacun d'eux. Notre illustre Victor Hugo a traduit cette pensée dans un vibrant appel à la charité en faveur des pauvres, par les vers suivants :

> « Car Dieu mit ses degrés aux fortunes humaines,
> « Les uns vont tout courbés sous le fardeau des peines ;
> « Au banquet du bonheur bien peu sont conviés,
> « Tous n'y sont point assis également à l'aise ;
> « Une loi, qui d'en bas, semble injuste et mauvaise,
> « Dit aux uns : Jouissez! aux autres : Enviez!»

Mais le vrai pauvre de naissance, le mendiant sans abri et sans pain, ne constitue qu'une exception. Bien qu'il soit digne du plus grand intérêt, notre sollicitude, avant d'arriver à lui, doit s'étendre d'abord aux sacrifiés de la classe moyenne. à l'armée immense des travailleurs parmi laquelle vient se recruter le formidable contingent de ces pauvres qui sont envieux, méchants, haineux, au cœur rempli de fiel, parce qu'ils ont fini par succomber dans l'âpre combat de la vie, et que, faute d'aide de la part des riches, le lourd manteau de la misère les a courbés, puis ensevelis dans ses immenses replis d'où l'on ne peut plus sortir. C'est que la conséquence de l'inégalité des classes, entraîne fatalement celle des situations sociales ; formant ainsi de nouvelles et multiples divisions qui se subdivisent elles-mêmes à l'infini. Il y a en effet plusieurs degrés dans la pauvreté comme dans la richesse, de même qu'il y a différentes catégories de travailleurs. Aussi n'avons-nous que la sensation absolue et certaine de la réalité de ces distinctions; mais il nous est impossible de localiser ou de limiter d'une manière précise chacune d'entre elles prise séparément.

L'ensemble de l'humanité est, s'il est permis d'employer une telle comparaison, semblable à un gigantesque escalier divisé en trois étages symbolisant de bas en haut les trois classes sociales, et qui commencerait dans le noir, au fond des entrailles de la terre, pour aller se perdre dans les nues; chaque marche représentant une situation sociale différente d'un degré supérieur à la précédente de telle sorte qu'on pourrait aller ainsi de l'extrême pauvreté à l'extrême richesse, sans pouvoir déterminer exactement où commence la première et où finit la seconde. Cette conception d'une hiérarchie de situations toujours ascendantes existe du reste depuis fort longtemps, on l'appelle l'échelle sociale, chaque échelon ou degré étant formé d'un groupement de même espèce et d'une nature identique, qu'on appelle « **caste** ». — Les castes remontent à la plus haute antiquité. Elles ont pris naissance et existent encore comme organisation politique dans le pays que l'histoire considère comme le berceau de l'humanité, dans l'Inde, vaste réservoir de deux cent millions d'âmes, où elles constituent, même actuellement, la clef de voûte d'un édifice social datant des temps primitifs ; et si défectueux qu'il occasionne des famines et des épidémies périodiques coûtant, la vie chaque année, à des centaines de milliers d'habitants. Il est vrai que l'amour de la distinction dans cet ordre d'idées a été poussé jusqu'à l'extrême limite; puisqu'à côté des castes des brahmes, des fakirs, des guerriers, des commerçants, des parias (maudits), etc., on trouve, paraît-il, car le fait semble tellement extraordinaire qu'on n'ose l'affirmer, les castes des voleurs et des étrangleurs. — Dans les États européens, on a également pendant des siècles considéré comme formant de véritables castes : les prêtres, les seigneurs, les soldats, les roturiers ou non nobles comprenant les ouvriers des diverses corporations, et les manants et vilains ou paysans. En France, la grande Révolution de 1789 a voulu niveler tout cela et instituer un nouvel état de choses plus juste, plus rationnel, et surtout plus humain, en essayant d'appliquer la grande et belle devise de : « Liberté, Egalité, Fraternité. » Elle y a en partie réussi, puisque c'est grâce à elle que nous sommes en possession des quelques avantages et des progrès accomplis dont nous profitons et bénéficions aujourd'hui : tels l'abolition des servitudes et des droits féodaux. — Mais, insensiblement, on en est revenu aux anciens usages, et l' *« esprit de caste »* qu'on dissimule maintenant sous le nom d' *« esprit de corps »* existe plus que jamais dans le clergé des différents cultes, l'armée, la magistrature, la médecine, et même chez les ouvriers où les syndicats dits professionnels ne sont que de véritables corporations déguisées, opprimant tout comme autrefois ceux qui refusent ou qu'on ne juge pas dignes d'en faire partie. Chacun de ces groupements ou corps sociaux prétend vivre à sa guise, indépendant, suivant des traditions plus ou moins désuètes conservées dans des statuts parfois arbitraires, et accaparer à son profit particulier et par suite au détriment du voisin tous les avantages et les bénéfices des lois d'État. De là un mal profond, véritable lèpre moyenageuse qui nous ronge sans pitié et nous fait vivre sous un régime qui n'a plus de liberté que le nom.

DEUXIÈME PARTIE

État actuel de la classe moyenne en France.

III

MISÈRES ET SOUFFRANCES DES TRAVAILLEURS PAR SUITE DU MANQUE DE PROTECTION DE L'ÉTAT.

Maintenant que l'idée générale sur l'ensemble de la constitution sociale est établie, examinons de plus près et en détail ce qui se passe dans notre pays aux points de vue travail et salaire; en montrant d'une façon indiscutable que la classe moyenne est sacrifiée par rapport aux deux autres et qu'elle se trouve dans un état de misère tel, que c'est là une des causes primordiales pour ne pas dire la seule de l'amoindrissement de la France en ce qui concerne la population, l'agriculture, le commerce, l'industrie, la marine marchande, etc., etc. Pour cela, il suffit de donner des exemples, à l'aide d'un exposé de faits d'une authenticité absolue et garantie ne constituant pas des situations d'exception : mais bien de simples cas pris au hasard et décrits avec impartialité parmi des milliers de cas identiques. — Pour commencer, à tout seigneur tout honneur dit-on ! — Voyons ce que fait l'État qui emploie des milliers de citoyens désignés sous le nom de *fonctionnaires*, et qui sont appelés à des besognes multiples et variées. — Les garçons de bureau et les huissiers de ministère n'ont que des fonctions inférieures il est vrai, mais pour un traitement d'une modicité telle (90 à 100 francs par mois environ) qu'ils comptent de préférence sur l'appoint que fournit le public sous la forme plutôt dégradante du pourboire. Même observation pour les dévoués serviteurs que sont les facteurs et les chargeurs des postes. Quant aux commis de bureau de cette dernière administration, après un examen fort difficile ils débutent aux appointements de 1.500 à 1.800 francs, par an avec promesse d'augmentation de 300 francs tous les trois ans de telle sorte qu'ils ont largement dépassé l'âge mûr quand ils arrivent à un traitement suffisant. Mais il y a mieux, passons à ces malheureux instituteurs qui ont la délicate et difficile mission d'instruire et d'éduquer l'enfance. Qu'on lise les extraits des deux lettres suivantes et qu'on juge, en se rappelant que pour exercer leur profession il faut passer des examens on ne peut plus ardus, rester trois ans à l'École normale et signer à l'État un engagement de dix années; tout cela pour débuter à 900 francs par an comme stagiaire avec sept classes à franchir à raison d'un séjour de trois ans au minimum dans chaque classe. Première lettre, extrait (1)...

« N'étant que quatre à vivre de mon traitement, nous vivons. Des économies pour l'avenir, il n'en est pas question c'est déjà bien beau de ne pas s'endetter. Ah ! si j'arrive un jour enfin à 1.200 francs ce sera un beau jour, mais qu'il se fait attendre ! Les terrassiers gagnent jusqu'à 4 francs par jour, moissonneurs et faucheurs ont ici de 4 à 5 francs par jour et ils sont nourris, et moi, pauvre maitre d'école, je gagne juste mes 2 fr. 63 pour nous quatre après 12 ans de services. Il est vrai que comme compensation à la modicité du salaire il y a le privilège particulier à notre fonction d'être les serviteurs du pays, lisez : trop souvent les domestiques de tout le monde. »

Deuxième lettre, extrait... *« Voici le bilan de mes 32 ans de services. Nommé instituteur en 1869, j'ai débuté à 600 francs dans la commune où je suis encore ; mon traitement actuel est de 1.800 francs. Marié en 1874, ma femme avait une petite dot de 1.500 francs. J'ai eu 4 enfants ; pour les élever, j'ai dépensé non seulement les petites économies que je pouvais faire, mais encore la dot de ma femme. Nos paysans sont si bien persuadés que le traitement est insuffisant qu'ils engagent leurs enfants à se faire prêtres, me disant sans détour : Au moins là, Monsieur, ils ne mourront pas de faim. »*

Au tour du commerce maintenant. — Une maison dont les patrons sont millionnaires, emploie de 7 heures du matin à 8 heures du soir, des livreurs avec voitures à bras à raison de 3 fr. 50 à 3 fr. 75 par jour, dimanches non payés, et dont la journée finit en réalité à 9 et 10 heures du soir quand la dernière tournée de livraisons est au loin parce qu'il faut rentrer la voiture au dépot. Et ces chefs de maisons ne sont pas une exception ! on en pourrait citer ainsi des quantités, non pas qu'il n'y ait de bons, voire même d'excellents patrons, mais ils sont si rares ! — Semblable situation existe dans l'agriculture et l'industrie. A la campagne, les ouvriers

---

(1) Ces extraits, tirés du Manuel général des 16 et 23 novembre 1901, ont été publiés dans le Bulletin de mars-avril-mai 1902 de la Société pour l'Instruction élémentaire.

agricoles n'étant pas occupés toute l'année, gagnent en moyenne de 700 à 1.200 francs par an ; et dans les grandes filatures du Nord, le salaire des femmes est de 2 fr. 50 environ par jour et celui des hommes de 3 à 4 francs. N'oublions pas, il est vrai, que pour certains patrons les employés ou ouvriers subalternes sont des brutes qu'on peut maltraiter et insulter sans raisons plausibles. Qu'est-ce qu'une pauvre machine humaine pour ces gros industriels, à côté de leurs belles machines à vapeur ou de leurs dynamos électriques qui produisent automatiquement et à vil prix les objets manufacturés qu'ils escomptent revendre avec les gros bénéfices qui permettent de jouir de la vie.

Et pourtant ces brutes ont une tête pour penser, un cœur pour aimer, un foyer familial à entretenir avec une femme et des enfants à élever ; *que peuvent-ils faire avec 3 fr. 50 par jour !*

Et c'est toujours Hugo qui répond à la question quand il nous dit :

> « Cette pensée est sombre, amère, inexorable,
> « Et fermente en silence au cœur du misérable.
> « Riches, heureux du jour qu'endort la volupté,
> « Que ce ne soit point lui qui des mains vous arrache
> « Tous ces biens superflus où son regard s'attache,
> « Oh ! que ce soit la Charité !.....

Enfin, pour terminer cet exposé plutôt pénible, mentionnons en passant le triste sort des pauvres pêcheurs d'Islande et des noires figures de spectres qu'on appelle mineurs, deux catégories de braves gens qui paient à la mort et plus souvent qu'à leur tour, un douloureux tribut. Mais dira-t-on, ces faits, en supposant qu'ils n'aient rien d'exagéré et soient tous d'une rigoureuse véracité, ont été choisis pour les besoins de votre cause, en vue d'éveiller et de stimuler les sentiments de pitié et de charité. Ils constituent certainement le maximum de souffrances de malheureux travailleurs qu'un défaut ou une tare dérivant d'un vice ou d'une passion cachée rendent incapables d'avancement, et qui se sont laissés gagner par le découragement, car avec de la patience et de la ténacité on finit toujours par acquérir un petit pécule, on sort de l'ornière, on est sauvé.

C'est encore là une erreur profonde. Faute d'aide, les gens aisés succombent tout comme les autres, il suffit pour cela d'en prendre à témoins les deux faits suivants absolument authentiques.

1° Un brave père de famille, gagnant bien sa vie comme ouvrier dans une grande fabrique, ayant été frappé de tuberculose a, en moins de trois ans, perdu sa place, dépensé la dot de sa femme (environ 10.000 francs), vu son mobilier saisi et vendu par une propriétaire impitoyable [pour un retard de quelques jours dans le paiement d'un seul terme (on n'a même pas laissé une chaise pour trois personnes), enfin, a été renvoyé de l'hôpital comme insuffisamment malade ; de sorte qu'il attend venir la mort avec l'horrible désespoir et le regret amer de laisser sa femme et sa jeune fille sans appui, sans soutien et sans argent dans cet enfer qu'est le pavé parisien.

2° Un représentant demeurant aux environs de Paris, était parvenu à force de travail à s'établir commerçant dans sa partie. Son petit commerce prospérait, quand la terrible tuberculose s'abattit également sur la maison. Forcé par le mal de cesser ses affaires pour aller se soigner en Algérie, en deux ans le malheureux perdit ses économies et son fonds. Comme il était membre depuis plus de 8 ans d'une grande société de secours mutuels à laquelle il n'avait jamais fait que verser des cotisations, il songea à elle dans sa détresse et sollicita une petite aide. Après lui avoir versé 3 mois d'indemnité de maladie dus légalement, on attendit qu'il fut en retard du temps statutaire dans le paiement de ses cotisations pour le radier impitoyablement sans même lui accorder le délai d'usage, c'est-à-dire la fin de l'exercice en cours ; et cela afin de se débarrasser d'un malade qui allait devenir *une charge et diminuer les bénéfices sociaux d'une société déjà millionnaire.*

C'est à dessein que nous avons signalé ces deux derniers cas d'une nature particulière et auxquels nous attachons une grande importance, car ils offrent la caractéristique toute spéciale de constituer des types d'injustices légales ainsi que nous allons l'examiner plus loin.

IV

LES INJUSTICES LÉGALES. — CONDITION DE LA FEMME.

Voici deux mots : « Injustices légales » qui semblent peu faits l'un
pour l'autre et qu'on peut croire réunis sinon à tort, du moins par ironie dans le but de manquer de respect tout à la fois à la justice et aux
lois. Pourtant, il suffit de procéder à un examen sérieux des droits
conférés à la classe moyenne pour reconnaître combien elle est peu
favorisée, et justifier ainsi l'emploi de notre paradoxe. Regardons le
foyer familial dans les grandes villes, à Paris par exemple. A une
famille ordinaire composée du père, de la mère et de deux enfants,
avec un salaire annuel de 2.400 à 3.000 francs (ce qui est déjà fort
beau, la moyenne partie des traitements d'employés et d'ouvriers
restant au dessous de ce chiffre), il faut pour se loger conform-
ément aux prescriptions de l'hygiène et de la santé physique un
petit local de 550 à 600 francs par an, juste de quoi avoir une salle à
manger, deux chambres à coucher (une pour les parents, une pour
les enfants) et une cuisine; encore ces pièces sont-elles d'une exi-
guïté inconcevable. Il reste pour se nourrir, se vêtir, s'éclairer, se
chauffer, et pourvoir aux besoins multiples de l'existence de quatre
personnes pendant 365 jours, 1.800 à 2.400 francs, soit 1 fr. 25 à
1 fr. 75 par personne et par jour.

Mais, voilà où les « bienfaits » de la loi se manifestent. Parce
que vous avez plus de 500 francs de loyer, on vous décore du beau
titre de contribuable, et par suite on vous impose. C'est ainsi par
exemple que pour 600 francs de location on paie environ 30 francs de
contributions. Alors tout s'enchaîne. Le chef de famille tombe-t-il
malade, l'hôpital le soigne, mais à raison de 5 francs par jour,
bien qu'il ne travaille pas, tandis que la mère et les enfants vont
peut-être souffrir de la misère et de la faim. N'est-ce pas juste?

« *il est contribuable* » ! En revanche, lès miséreux, les imprévoyants
les vagabonds, qui vivent dans les hôtels borgnes, les apaches qui
dévalisent et tuent l'employé ou l'ouvrier honnête au coin des rues,
profitent des services publics assurés, paraît-il, à la satisfaction de
tous grâce à nos impôts, et rentrent gratis sous la protection paternelle et bienveillante de la loi dans ces hôpitaux où paie la classe
moyenne. Quant aux riches, inutile de parler d'eux; leurs revenus
suffisent amplement à payer les contributions dont ils se plaignent
plus haut et plus fort que les autres, ce qui ne les empêche pas de
s'offrir en cas de maladie la confortable maison de santé avec le
grand prince de la science.

Toutes ces raisons expliquent dans une certaine mesure, sans
les justifier toutefois, les motifs qui encouragent la jeunesse actuelle
au célibat. Le mariage moderne chez les humbles, en raison même
de leur pénible et critique situation comme salariés, évoque le
spectre hideux de la misère; quant aux enfants, lorsque par
hasard on se risque dans la grande loterie du ménage, leur venue
constitue une sorte de déchéance, une véritable calamité financière
à laquelle chacun essaye volontairement de se soustraire dans la
mesure du possible, d'où la conséquence inévitable de la dépopu-
lation due uniquement à la difficulté des moyens d'existence.
Poursuivons nos investigations et pénétrons dans l'antre sacré,
jusque chez dame justice elle-même. Les abus y sont encore plus
criards et choquants et indignes d'un Etat qui se dit libertaire et
égalitaire. Le pauvre obtient l'assistance judiciaire et ne paie
aucun frais pour défendre ses droits (aussi beaucoup de gens
deviennent-ils pauvres exceptionnellement et par fraude, pour
bénéficier de cet appréciable avantage accordé trop fréquemment à la
légère par suite d'enquêtes incomplètes). Le riche, lui, a le temps,
l'argent et peut suivre une affaire pendant plusieurs années. Seul,
le misérable sacrifié, le paria de la classe moyenne, s'il a le moindre
différend avec son employeur ou une personne quelconque, est
obligé de payer des sommes énormes par rapport à sa situation,
doit faire des avances considérables pour mettre en mouvement le
lourd appareil juridique d'avoués, d'avocats, d'huissiers, de juges,
que sais-je encore! Et tout cela, sans savoir s'il aboutira, ou si à la
longue son procès n'épuisera pas ses ressources et ne l'obligera
pas à l'abandon de ses droits qu'il renonce le plus souvent à faire
valoir. — La cause de tout cela, c'est qu'il paye plus de 500 francs
pour se loger avec sa famille.

Même refrain avec les gros emplois d'administration qui ont créé
la maladie du fonctionnarisme. Les enfants du peuple vont à l'école
primaire, ceux des riches au lycée qui permet toujours avec le
temps, l'argent et un peu de piston, de devenir bachelier si inintel-
ligent soit-on. Aussi, les lycéens seuls sont-ils hauts fonctionnaires

et occupent dans l'Etat les douces sinécures grassement rétribuées.

Enfin, n'oublions pas dans cette rapide esquisse d'iniquités, la condition affreuse de la femme. Certains écrivains l'ont appelée : « l'éternelle blessée », ils auraient pu ajouter : « l'éternelle sacrifiée ». — Des droits, elle n'en a point ou presque pas. En famille, dans la basse classe, c'est presque une esclave, une véritable bonne à tout faire qui n'a jamais un instant à elle ; soigne les enfants, fait son ménage, prépare les repas, lave le linge, raccommode des vêtements, doit se soumettre aux exigences parfois excessives du mari seigneur et maître qui la récompense souvent par des coups. Car, bien que l'instruction soit obligatoire dans notre gentil pays de France, l'éducation y laisse en revanche fort à désirer, et l'alcoolisme qui engendre la brute s'y épanouit dans toute sa splendeur. Tel est le sort de cette malheureuse. Si elle est seule, et qu'elle travaille, elle ne peut se subvenir à elle-même. Les salaires féminins sont si bas (les deux tiers et souvent la moitié de celui de l'homme, 2 à 3 francs par jour en moyenne) qu'elle renonce à la lutte. Alors c'est le refuge dans le port fatal de la prostitution. Celui qui écrit ces lignes a visité à la Conciergerie de Paris le quartier des femmes. On en arrête environ 300 chaque nuit sur la voie publique. On les parque comme des bêtes sur une litière de paille étendue dans un vaste préau. Puis, le jour venu, elles vont passer la fameuse et honteuse visite sanitaire. Celles qui sont contaminées ou bien ont des comptes à rendre à la justice sont mises soit en cellule soit dans une maison de détention en attendant de comparaître devant le tribunal ; quant à la majeure partie, on la rend à la rue, au trottoir, où les pauvres filles vont se faire reprendre presque immédiatement. Car ce qu'on feint d'ignorer, c'est que toutes ne sont pas foncièrement vicieuses, bien loin de là. Il y a un énorme contingent de femmes qui, sans place, sans abri, sans famille, vendent leur corps, et à quel prix ! pour ne pas mourir de faim. On les arrête, soit, mais alors pourquoi les relâcher dans des conditions absolument identiques à celles où elles ont été arrêtées ? — Il y a bien des maisons, des bonnes œuvres, des établissements philanthropiques qui font ce qu'ils peuvent mais ne suffisent malheureusement pas à tout, hélas ! L'Etat, pour son compte, se contente parfois de délivrer une carte, c'est-à-dire donne une sorte d'existence légale, une autorisation légitime à la prostitution permettant ainsi à la femme peuple, à la femme de toutes les misères le droit de vivre du produit de la débauche ; mais il oublie volontairement de sévir contre ces créatures dites mondaines et demi-mondaines qui s'affublent de grotesques et ridicules titres aristocratiques, s'exhibent sans pudeur sur les scènes du café concert ou du music-hall à la mode ; prostituées éhontées qui font un tort inouï à l'art véritable. Pour celles-là, ni carte ni visite sanitaire. Elles peuvent impunément contaminer et tarir la race dans ses sources vives ; ruiner les fils de bonne famille par leurs appétits de luxe jamais inassouvi, traîner à leur suite des cadavres de suicidés comme cela arrive à certaines d'entre elles qui ont réduit des jeunes gens pleins de force et de vie à un désespoir sans nom où leur raison affaiblie a sombré. — Voilà l'injustice légale la plus néfaste de toutes. Celle qui désole et écœure les honnêtes gens, qui fait jeter partout le cri d'alarme et croire à la décadence d'un peuple qui semble n'avoir plus qu'un but : jouir de la vie, à outrance et à tout prix, par tous les moyens possibles même quand ils sont malhonnêtes, reconstituant ainsi en plein vingtième siècle le culte du *veau d'or* sur l'autel duquel chacun brûle de venir sacrifier pour satisfaire ses passions.

TROISIÈME PARTIE

Peut-on améliorer le sort des travailleurs sacrifiés de la classe moyenne, et par quels moyens ?

V

L'ENSEIGNEMENT, CE QU'IL DOIT ÊTRE, QUEL BUT IL LUI FAUT ATTEINDRE.

La critique est très aisée, dit-on, mais lorsqu'on est soi-même à l'ouvrage, la besogne est parfois beaucoup plus difficile qu'on ne le supposait de loin; et on est souvent forcé de reconnaître après un examen approfondi que ce qui existe a du bon et se trouve établi avec plus de sens et de raison qu'on ne le croyait primitivement. Est-ce à dire qu'après avoir exposé la situation pénible et digne d'intérêt des sacrifiés et critiqué l'état de choses actuel il n'y ait rien autre de plus à faire? — Nous ne le pensons pas, et si l'on ne peut supprimer tous les abus pour arriver à « l'Etat idéal » qui n'est qu'une utopie, la perfection n'étant pas de ce monde, les hommes au résumé étant toujours mécontents de leur sort quel qu'il soit; on doit essayer néanmoins d'améliorer en partie ce qui existe actuellement. — Il y aurait lieu d'abord d'étudier le droit au minimum de salaire déjà envisagé par plusieurs économistes; chacun, homme ou femme, devant gagner au début dans quelque métier que ce soit une somme déterminée, la même pour tous, constituant le strict nécessaire pour s'assurer la vie matérielle. Puis d'examiner la répartition équitable des impôts *appliqués à tous*, sans exception, graduellement, suivant une échelle ascendante en raison du local d'habitation, du salaire et du revenu. Mais, ce serait sortir du cadre que nous nous sommes tracé, ces questions étant fort complexes, les

conditions d'existence variant suivant les villes, les régions, le climat ;
et ce serait faire œuvre de politique qu'essayer d'en préconiser
l'application sans pouvoir les résoudre efficacement. Il y a d'autres
moyens à notre portée, d'un ordre moral beaucoup plus élevé ; et
nous pouvons hardiment et sans crainte d'être démenti indiquer ces
deux remèdes qui s'appellent « l'Enseignement et la Mutualité ».
Procédons avec ordre et voyons ce qu'on peut faire avec l'Enseignement. Il comprend deux choses différentes de prime abord et
pourtant étroitement liées ensembles l'Education et l'Instruction.
L'Education en France est ainsi qu'on va le voir plus loin très mauvaise pour ne pas dire nulle, et l'instruction bien qu'elle soit obligatoire recule insensiblement chaque année, le nombre d'illettrés
tendant à croître plutôt qu'à diminuer, en même temps que le
niveau d'ensemble des connaissances acquises semble baisser graduellement. Essayons de scruter soigneusement les deux choses ;
en premier lieu, l'éducation. C'est la science même de la vie. Où
l'apprendre, sinon dans les deux milieux dont nous allons nous
entretenir : la famille et l'école ? — Dans la famille, les parents
semblent ne pas avoir conscience de leur responsabilité non plus
que de la haute mission dont ils sont chargés comme éducateurs.
L'enfant, sauf atavisme ou hérédité, n'a pas en venant au monde de
prédispositions spéciales. Son cerveau est comme malléable si l'on
peut s'exprimer ainsi. Il portera l'empreinte et suivra la direction
qu'il recevra du père de famille et du maître d'école. De là, la néces-
sité pour ceux-ci de se montrer dignes, de bien comprendre et
surtout d'exécuter aussi parfaitement que possible le rôle qui leur
est dévolu par la nature et par l'Etat. En ce qui concerne la puissance paternelle, *on ne sait pas élever les enfants*. Ce qui frappe le
mieux ces derniers, c'est l'**exemple**, et il faut hélas bien l'avouer,
très souvent l'exemple fourni par les parents est malsain. Tantôt,
on voit le père ivre rentrer au logis le samedi, après avoir gas-
pillé sa paie hebdomadaire à l'assommoir, et se livrer à la scène des
disputes conjugales qui se terminent par des coups. Tantôt c'est la
promiscuité du logement où l'on grouille pêle-mêle qui permet aux
yeux des tout petits de voir s'accomplir l'œuvre de génération. Dans
les classes riches, ou confie les nobles rejetons à des mains merce-
naires, à des domestiques qui, pour avoir la paix, crient à tort et à travers et parfois transmettent et communiquent des vices honteux et
inavouables qui ruinent la santé et gâtent toute l'existence à venir
des enfants à eux confiés. Sans compter que l'habitude d'être servi
et d'avoir de beaux vêtements développe chez l'adolescent une vanité
excessive, un sentiment exagéré d'orgueil et de supériorité qui ne
le quitte plus. Enfin, on est injuste dans les châtiments infligés à
l'enfance. A qui d'entre nous n'est-il pas arrivé de voir un bébé com-
mettre une grosse sottise, et les parents de s'écrier aussitôt : « qu'il

est gentil et espiègle, quelle intelligence pour son âge ! » puis le corriger ensuite rudement et sans mesure quelques instants après pour avoir accompli la répétition du même acte. Comment donc éveiller l'esprit de justice et d'équité dans une petite cervelle non complètement organisée pour comprendre, si les parents eux-mêmes sont déraisonnables ? De son côté, le maître d'école est parfois très faible comme éducateur, mais la faute ne lui est pas totalement imputable. Cela tient surtout à sa triste situation. Sans vouloir dire du mal ou rabaisser les militaires de métier dont on aura sans doute toujour. besoin et qui servent utilement la patrie, qu'on fasse le parallèle suivant entre un ancien sous-officier rengagé, adjudant à 33 ans, ayant encaissé plusieurs fortes primes, décoré de la médaille militaire avec le grade d'officier de réserve, titulaire d'une rente annuelle de 6 à 700 francs, à qui on donne une bonne place dans une administration où il aura une seconde retraite ; et le malheureux instituteur qui, comme nous l'avons montré précédemment, après 15 ans de service touche à peine 5 à 6 francs par jour. Quelle différence entre le traitement de l'homme qui apprend à vivre et celui de l'homme qui apprend à tuer ! Résultats : mauvaise éducation sur toute la ligne. Néanmoins, le père de famille aura beau objecter le souci, le tracas des affaires, le manque de temps ; et le maître d'école l'insuffisance de salaire pour justifier cet abandon d'éducation de l'enfance, ils sont impardonnables. Le devoir est là qui commande avant tout de faire des hommes et des femmes de ces bambins de notre sang dans lesquels nous revivons, qui continueront notre race, et l'on ne saurait être trop sévère pour ceux qui se dérobent et ne montrent qu'indifférence dans leur tâche éducatrice. — A l'instruction maintenant. Elle est bâtarde avec ses deux degrés : enseignement primaire et enseignement secondaire qui ont créé la maladie du diplôme aboutissant aux deux fléaux du certificat d'études primaires et du baccalauréat. Le premier a dépeuplé nos campagnes et enlevé à l'homme le goût de la terre et de la culture. Les parents ne veulent pas que leur fils soit agriculteur ; c'est un savant ! Songez donc, il a son certificat d'études ! On lui trouve un emploi quelconque à la sous-préfecture, de là il va au chef-lieu de département puis enfin à Paris, la grande ville-capitale où les concurrents abondent, sont plus jeunes, plus actifs, mieux entraînés, et voilà l'origine de la pléthore urbaine et des « **déclassés** » qui par orgueil ne veulent pas retourner à leur coin de terre qui les nourrirait, augmentant ainsi l'armée du crime qui menace de tout submerger. Quant au baccalauréat, il n'a fait que des employés de ministères, fonctionnaires à courtes vues, types des ronds de cuir qui cherchent à en faire le moins possible pour avoir la paix à tout prix. Aussi faudrait-il énergiquement mettre la pioche et la sape dans l'édifice archaïque et baroque de l'Université pour le reconstruire de toutes pièces. Plus d'écoles primaires et municipales, plus de lycées et de collèges, mais seulement « **l'École obligatoire et gratuite** » pour tous, *de 7 à 16 ans, et ne délivrant aucun diplôme ;* sauf un livret individuel donnant les notes, les places, et le numéro de sortie de l'élève. Conséquence naturelle : l'accessibilité par voie de concours et à tout le monde à partir de 16 ans à tous les emplois et à toutes les écoles dites spéciales, et préparant à des carrières techniques. Ce sont seulement ces dernières écoles qui délivreraient aux élèves entrés après examen, un brevet de sortie leur donnant le titre et le droit d'exercer les professions particulières ou diverses auxquelles ils se seraient destinés. On cesserait alors de voir cette extraordinaire anomalie d'architectes, d'officiers, de médecins, d'avocats et d'ingénieurs, exerçant contre leurs goûts et leurs désirs des carrières imposées par leur famille, où ils végétent misérablement, tandis que des fils du peuple pleins d'énergie et d'aptitudes pour les remplir n'ont jamais pu qu'exceptionnellement y parvenir par suite du fossé profond qui sépare l'enseignement primaire de l'enseignement secondaire.

Cet enseignement nouveau que nous préconisons pour avoir étudié la question de très près, comprendrait trois périodes distinctes :

De sept à dix ans, études élémentaires. — Lecture, écriture, notions de calcul, de géographie et d'histoire.

De dix à treize ans, études complémentaires. — Révision des matières précédentes en y ajoutant la géométrie, les sciences physiques, chimiques et naturelles, et le dessin graphique et d'ornement.

De treize à seize ans, études pratiques et apprentissage, comportant le travail du bois, du fer, notions de comptabilité, étude d'une langue vivante, et de la chimie appliquée à l'industrie, enseignement rationnel de la mutualité. De plus, pendant ces trois périodes, la gymnastique à la suédoise, puis aux agrès, l'hygiène d'ensemble avec bains et douches, la natation *obligatoire ;* les précautions et mesures préventives à prendre contre l'alcoolisme et la tuberculose auraient également une part prépondérante, sans oublier l'étude minutieuse des soins particuliers de propreté à donner aux organes externes et internes, surtout en ce qui concerne les organes de génération. Les parents et les maîtres actuels, en parlant à mots couverts remplis de réticences et de sous-entendus de ces choses pourtant très naturelles, éveillent une curiosité malsaine chez des enfants qui, à onze ou douze ans, n'ignorent en réalité plus rien, ayant été instruits par des aînés, et se trouvent ainsi maladroitement livrés à eux-mêmes sans guides et sans conseils. C'est là une négligence coupable qui laisse notre race se gangrener peu à peu, le plus grand nombre des avariés contractant leur mal avant vingt ans. L'instruction ainsi comprise, il resterait aux éducateurs, pour terminer dignement leur tâche, à étudier concurremment avec les parents la vocation, le chemin dans lequel il faudrait diriger l'adolescent suivant le goût et les aptitudes particulières montrés par lui pendant les trois dernières années scolaires. On pourrait de plus l'aider à se perfectionner à partir de seize ans par des cours spéciaux d'adultes ouverts le soir avec des professeurs volontaires, salariés au besoin, *mais diplômés officiellement;* de telle sorte qu'on fasse disparaître ces pseudo-comptables, steno-dactylographes, musiciens et linguistes amateurs qui pullulent dans les œuvres actuelles d'enseignement post-scolaires où l'on apprend rarement quelque chose, même dans les mieux organisées et les plus grandes, quelque désir qu'elles aient de faire le bien ; leurs cadres d'enseignants ne s'occupant pas des élèves, mais seulement des distinctions honorifiques qu'ils pourront obtenir. Quant aux inspecteurs de l'instruction publique, ils n'y viennent jamais et si dans une société *vingt élèves* suivent vingt cours différents l'inspecteur, d'accord avec le Président, se contente de mettre dans son rapport que *quatre cents* auditeurs suivent les cours de cette « grande » association.

Toutes ces modifications, et cette nouvelle méthode d'études signalées dans leurs grandes lignes, auraient l'immense avantage de faire aboutir le fameux texte de loi : « **pas d'enfants dans la rue**, surtout à partir de treize ans, car c'est justement l'âge critique pour l'adolescence, et le moment où l'école abandonne actuellement les jeunes gens qui restent le plus souvent isolés et sans soutien pour leur début au travail. En toute conscience et raisonnablement le gain dérisoire d'un jeune homme de treize à quatorze ans (qui débute même souvent au pair) peut-il être mis en balance avec les trois années d'études sérieuses et utiles accomplies de treize à seize ans et le dégoût qu'il éprouve pour l'exercice prématuré d'une besogne pénible, parfois ingrate et au-dessus de ses forces, qui mine sa santé avant l'âge de la formation complète, faisant de lui un précoce vieillard quand ce n'est pas un révolté. De plus, l'application de cet enseignement transformé pourrait se faire indistinctement aux deux sexes. La femme joue un rôle important et presque prépondérant dans la société humaine par ses nobles fonctions d'épouse et de mère; et il est absolument nécessaire que les jeunes filles reçoivent elles aussi une éducation et une instruction pratique les préparant au rang qu'elles doivent tenir dans la saine et respectable institution de la famille. Il y aurait seulement à ajouter à leur programme une section d'économie domestique et d'enseignement ménager avec des cours de puériculture, pour remplacer les travaux manuels. — Enfin, l'enseignement supérieur subsisterait pour former les professeurs et apprendre toutes les belles choses qui font la gloire du bon goût et de l'élégance française que tout l'univers envie et apprécie ; mais qui ne doivent être réservées qu'à l'élite digne de se les assimiler, alors qu'elles alourdissent et retardent ceux qui doivent assurer les services publics, remplir les fonctions administratives et militaires, se livrer au commerce et à l'industrie et ne tirent aucun profit de tout ce latin et ce grec qu'on leur impose bien inutilement. Chacun doit en effet être pénétré des paroles suivantes de Spencer : « *Le but de l'éducation est de nous préparer à vivre de la vie complète* » ; et on entend par vie complète celle où l'on peut obtenir la plus grande somme de bonheur et de satisfaction en échange du devoir accompli et du maximum d'efforts fourni à cet effet.

VI

LA MUTUALITÉ; SON ROLE DANS LA CIVILISATION.

« *L'homme peut à proportion de ce qu'il sait, disait Bacon.* »
Aussi faut-il qu'il apprenne beaucoup pour savoir le plus possible
afin ensuite de prévoir et de pourvoir. Or, l'individu isolé est faible;
c'est un véritable fétu de paille qui se courbe et se brise au
moindre vent, au plus petit choc. C'est pourquoi, à côté des grandes
conquêtes scientifiques du dix-neuvième siècle : chemins de fer,
navigation à vapeur, électricité, aérostation, il faut ajouter au point
de vue civilisation cette autre grande découverte qu'est la **Mutualité**,
destinée à améliorer et assurer en partie le sort de l'humanité
contre les grands fléaux qui la ravagent, à savoir : *la maladie et le
chômage.* — La mutualité est l'œuvre d'association de toutes les
classes, de toutes les castes fusionnées dans une même idée de dé-
vouement et d'abnégation pour lutter victorieusement contre les
deux ennemis indiqués ci-dessus, soutenir les faibles, assurer aux
vieillards le pain des derniers jours; c'est la fraternité universelle d'après sa devise même : *Tous pour un, et un pour tous.* » En
effet, si de la petite société de secours mutuels on arrive à constituer la « grande société » englobant l'Univers tout entier pour
créer une immense famille dont tous les membres respectent la loi
fondamentale : *A charges égales, droits égaux;* le problème est
résolu, et il n'y aura plus de malheureux.

C'est de 1840 à 1850 qu'apparurent en France les premières
sociétés de secours mutuels. N'ayant pour tout capital de mise de
fonds que l'énergie, l'effort et la bonne volonté de chacun pour,
suivant le principe primordial et originel de l'œuvre entreprise,
s'aimer, s'entr'aider, se secourir mutuellement les uns les autres,
en 1905, c'est-à-dire après environ 60 ans d'existence, de pratique et

d'expérience, on comptait en France près de 20.000 sociétés de
secours mutuels réunissant plus de 4.500.000 membres pour un
capital de 500 millions permettant de servir une rente moyenne de
100 francs à 120.000 pensionnaires indépendamment des autres millions qu'on ne peut évaluer même approximativement. ayant été uti-
lisés à payer des frais médicaux et pharmaceutiques, des indemnités
de maladies et de funérailles, des secours de toutes sortes, etc., etc.

Est-ce à dire que tout est parfait actuellement et que la mutualité est le remède des remèdes contre la misère, la panacée universelle qui guérit tous les maux dont souffre notre pauvre monde?
— Oh que non! — L'infiltration insensible de questions person-
nelles d'ordre privé, politique ou religieux, l'introduction de membres parasites vivant sur le dos de la communauté, des « carottiers »
comme on dit ; le désir immodéré des honneurs et des distinctions ont déjà formé des fissures telles dans l'édifice que certains esprits pessimistes aux vues plutôt étroites prédisent d'ores et
déjà la faillite de la mutualité à bref délai. Il faut donc absolument
réagir, mais en cela, suivant l'usage, l'Etat omnipotent a eu une
intervention malheureuse pour ne pas dire néfaste tout en étant
animé du reste des plus parfaites intentions. Sa loi de 1898, la grande
charte de la mutualité qui devait en faire *un roc inébranlable contre
l'armée du vice et du désordre* (ce sont là des paroles officielles
prononcées peut-être plus de cent fois par la même personnalité
dans des discours d'assemblées générales de fêtes ou de congrès
mutualistes) a été une impardonnable erreur; et sa loi des retraites
ouvrières, excellente en principe, va néanmoins faire aller la machine en arrière parce qu'on veut mettre suivant l'expression popu-
laire consacrée par l'usage la charrue avant les bœufs. Rien de
plus facile à démontrer. La mutualité doit d'abord et avant tout
nous prémunir contre la maladie, notamment la terrible tuberculose qui fauche plus de 200.000 personnes par an en France,
ensuite, si cela est possible nous aider à faire une retraite pour les
vieux jours.

Or, la loi de 1898 n'imposant pas de statuts uniformes mettant
les sociétés en demeure d'assurer à leurs membres **un minimum
d'avantages communs pour un minimum de cotisations** et
surtout ne décrétant pas comme obligatoire *la mise en subsistance
d'une société dans une autre*, chaque groupement offre des avantages
multiples mais divers, variés, sans homogénéité, et semble se faire
la guerre. C'est ainsi par exemple que si une société, grâce à de
brillants bénéfices, s'accroit de 500 membres les prenant à une
ou plusieurs autres rivales, la cause mutualiste en général n'a pas
conquis un adhérent. De plus, presque toutes les sociétés sont
locales. Si l'on quitte le pays où l'association à laquelle on appar-
tient exerce son rayon d'action, on perd tous les avantages

promis ; et si l'on passe l'âge d'admission moyen (35 à 40 ans environ) il est impossible d'entrer dans un autre groupement, alors que la mise en subsistance, si simple et si pratique arrangerait tout. En ce qui concerne la tuberculose, tout le monde crie et prêche la croisade contre la redoutable épidémie, mais quand il faut passer du domaine de la théorie à celui de la pratique, tout s'effondre. Faisant une démarche à la Préfecture de la Seine il y a quelques années pour faire entrer un malade membre d'une société de secours mutuels dans un sanatorium on m'a répondu : « *Il nous faut des gens n'ayant pas la vraie tuberculose mais une grosse bronchite ou un fort rhume guérissable, afin d'accomplir des cures pour nos statistiques et dire : 6 à 800 malades sont entrés cette année dans notre établissement et il en est sorti plus de 50 p. 100 de guéris ; de telle sorte que le grand médecin directeur puisse obtenir de l'avancement et la croix s'il ne l'a déjà, ou un grade supérieur dans la Légion d'honneur* (1). Quand un travailleur pauvre atteint de l'impitoyable mal va en consultation gratuite à l'hôpital, on lui prescrit, ô ironie, la suralimentation, le grand air, le repos à la campagne qui entraîne la cessation de travail et c'est tout, sans s'inquiéter s'il a les moyens de suivre semblable ordonnance ; s'il a plus des fameux 500 francs de loyer il ne peut entrer dans un sanatorium de ville ou d'Etat sans payer la pension qui est parfois très onéreuse ; dans le cas contraire il faut une demande, laquelle sans apostille politique attend et n'aboutira presque jamais, ou bien trop tard quand le mal ayant franchi plusieurs degrés fera un homme irrémédiablement condamné d'un malade qu'on pouvait sauver pris à temps. A cet égard-là, l'Allemagne avec son assurance obligatoire contre la maladie pour tous les salariés jusqu'à 2.500 francs par an avec primes payées partie par l'assuré, partie par le patron, nous est notoirement supérieure. De plus quand un des assurés a la tuberculose, il est isolé et soigné gratuitement dans des sanatoria spéciaux, tandis que sa famille touche 1 fr. 50 à 2 francs par jour pour l'aider à vivre pendant l'absence du père, et le résultat est que de 200.000 tuberculeux comme chez nous, il y a environ 15 ans, la mortalité est tombée à 50.000 au plus chez nos voisins d'outre-Rhin.

C'est cette assurance contre la maladie que nous devrions faire en France de préférence aux retraites ouvrières obligatoires. *Avant de devenir vieux, il faut vieillir*, et chacun d'entre nous ignore s'il atteindra 60 ans. En revanche, sauf le cas fort rare de mort subite, la maladie nous frappera sûrement. Pourquoi donc forcer les gens à payer une cotisation en vue d'une retraite problématique alors qu'on ne fera rien pour soulager les souffrances causées par les maladies, et enrayer la mortalité ! Sans compter que l'obligation

(1) Rigoureusement authentique.

de verser pour la retraite va empêcher de se mettre dans les sociétés de secours mutuels. — Il y a même certains mutualistes qui supprimeront la société pour pouvoir payer leur cotisation de retraite parce que leur modeste traitement ne permettra pas d'assurer les deux choses à la fois. Il eût été vraiment simple, et la chose est très possible, de décréter l'obligation pour tous les citoyens jusqu'au salaire de 3.600 francs par an, de faire partie d'une société de secours mutuels de leur choix. D'autre part, chaque société pratiquant de par la loi la mise en subsistance devrait pour une cotisation minimum de 3 francs par mois assurer le médecin et les médicaments gratuits, 2 francs par jour d'indemnité pour maladie entraînant incapacité de travail, et jusqu'à concurrence de 120 jours par an ; accorder les funérailles sur le pied d'une 7e classe, enfin donner, *s'il y a lieu*, une retraite constituée avec les excédents possibles de recettes partagés proportionnellement à l'âge et au temps de sociétariat de chaque membre pour lui constituer un capital de pension à liquider à 60 ans. Le mieux si l'on pouvait serait même de payer 4 francs par mois dont 1 franc versé partie par l'employeur et partie par l'Etat serait affecté à la retraite qui pourrait alors être de 150 à 200 francs au moins par an à 60 ans d'âge, car il ne faut pas mépriser la prévoyance en vue des vieux jours, mais on n'y doit songer qu'après avoir assuré le présent. *Tous ces avantages qui apparaîtront exagérés à certains sont actuellement accordés dans presque toutes les* **sociétés municipales de Paris pour 0 fr. 10 par jour**, et la liberté pleine et entière permettrait à chaque groupement d'essayer de faire mieux avec une cotisation supérieure pour ceux qui le désireraient.

Alors la mutualité reprendrait un nouvel essor et c'est d'elle qu'on pourait dire avec juste raison : Elle prend l'enfant au berceau avec la mutualité maternelle, apprend la prévoyance à l'adolescent avec la mutualité scolaire et militaire, enfin adoucit à l'homme et à la femme les dernières années et le cruel moment de la fin avec la mutualité d'adultes, nous faisant ainsi vivre de cette vie complète dont il a été question précédemment.

CONCLUSION

De ces deux réformes : transformation et rénovation de l'enseignement d'une part, et unification des statuts de la Mutualité d'autre part, une amélioration sensible devrait se produire dans la situation du travailleur au point de vue de la vie matérielle. Elle ne se ferait pas sentir d'une façon immédiate, sauf pour la mutualité qu'on peut régénérer très rapidement, car l'œuvre de réorganisation à accomplir dans l'Enseignement serait de longue haleine et ne porterait ses fruits qu'au bout de deux ou trois générations; mais on aurait le grand, l'immense avantage de procéder avec certitude, sans à-coups, sans convulsion ou crise de classe se traduisant par effusion de sang. C'est par l'enfant et l'adolescent qu'il faut modifier les conditions sociales de l'existence en les préparant par une solide instruction et une bonne éducation à une vie meilleure. Outiller les jeunes gens en vue de la carrière à laquelle ils se destinent, les aider, les encourager à une vie saine et active pour s'y orienter suivant leurs goûts et leurs aptitudes avec l'espoir d'arriver *grâce à leur propre mérite* à une situation, voilà le but. A tout prix, on doit développer en eux *l'initiative individuelle* et les pénétrer du sentiment de leur valeur personnelle. Aidés par la bienfaisante mutualité qui assurera à chacun d'une façon certaine une garantie efficace contre les mauvais jours, ils pourront donner de toutes leurs forces pour arriver dans leur métier; ils n'hésiteront plus à se créer un foyer familial, et c'est avec joie qu'ils descendront dans l'arène, soutenir la lutte pour le laborieux combat de la vie d'où ils auront le légitime espoir de sortir vainqueurs, surtout s'ils prennent pour guides ces deux grands régulateurs de l'existence humaine, **le bon sens et la conscience morale.** Le bon sens,

c'est discerner par le jugement, en s'extériorisant et en ne faisant
pas acte de parti ni de sectaire, ce qui est vrai, juste et raisonnable
du faux et de l'absurde. La conscience morale c'est le pouvoir qui
nous permet de distinguer le bien du mal, c'est la voix secrète
cachée dans un des replis de notre cœur, l'étincelle de vie dissi-
mulée dans un lobe de notre cerveau qui nous force malgré nous
par une voix intérieure à reconnaître l'obligation où nous sommes
d'accomplir strictement notre devoir avant de revendiquer nos
droits; et lorsque notre volonté nous soustrait à sa puissance, la
sanction ne tarde pas à apparaître sous la forme du remords. Voilà
ce qu'il est nécessaire de développer en nous sans trêve ni relâche.
Elever notre conscience morale, augmenter notre bon sens naturel,
faire taire les sentiments égoïstes qui nous assiègent pour être
bons, humains et charitables, aider les humbles, les petits, ceux
qui souffrent, c'est la vraie façon de donner un peu de bonheur,
un rayon de soleil aux pauvres sacrifiés pour qui ces quelques
lignes ont été écrites maladroitement et un peu au hasard; c'est
l'espoir de voir bientôt dans un jour prochain une plus grande
France qui servira de modèle aux autres nations qu'elle entraînera
à sa suite vers la grande fraternité sociale et universelle.

TABLE DES MATIÈRES

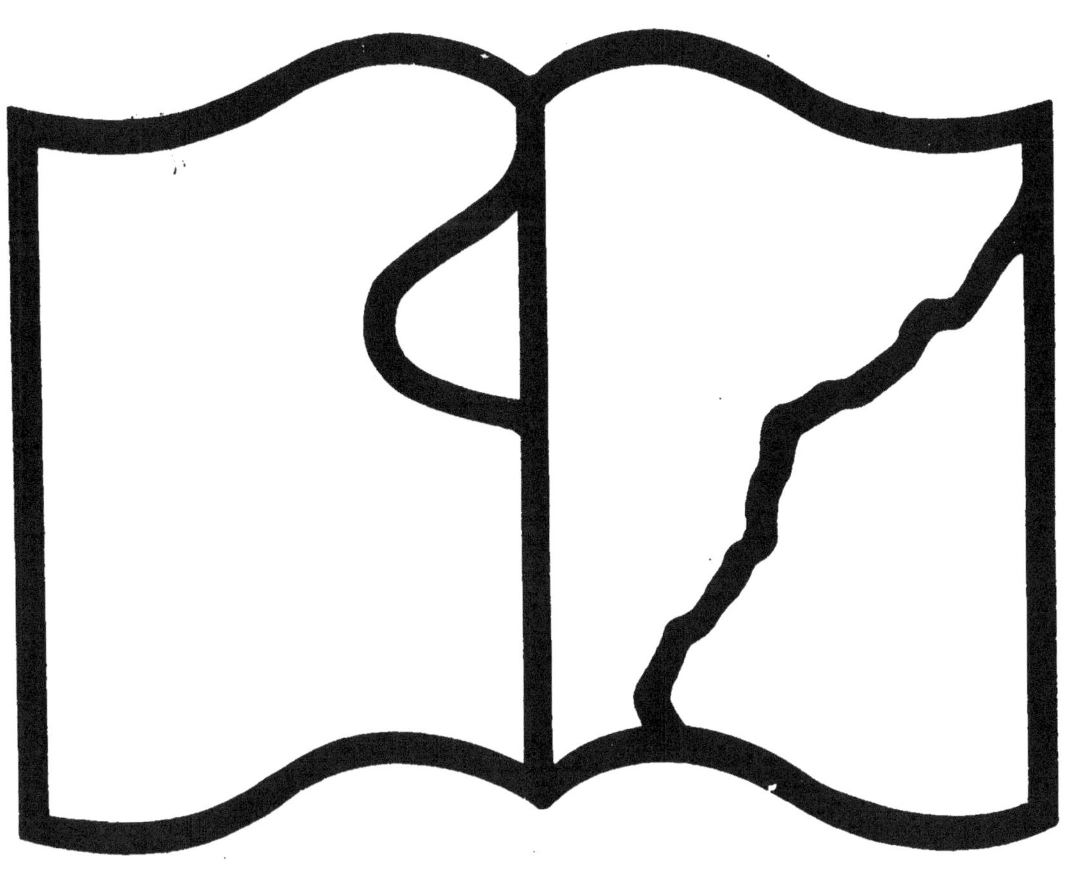

Texte détérioré — reliure défectueuse

NF Z 43-120-11